AF452945

# L'AMATEUR
## DE PEINTURE

# PHILIPPE GILLE

Prix : 1 franc.

## PARIS

PAUL OLLENDORFF, EDITEUR

28 *bis*, RUE DE RICHELIEU, 28 *bis*

1884

# L'AMATEUR

# DE PEINTURE

(Faiblement.) Mesdames et Messieurs, je vous prie de vouloir bien m'excuser si je vous parais un peu plus... (Geste d'abattement.) que d'habitude.... C'est que j'ai aujourd'hui un peu de... (Geste sur le front.) vous savez ?

Elle n'est pas forte, forte, mais elle est encore assez..... (Expression douloureuse.) hagne !... hagne !...

—Vous me comprenez rien qu'au geste, n'est-ce pas ? —

Je parlerai... mais le moins possible, comme on fait entre gens intelligents qui se devinent...

Donc, j'ai pincé une... (Geste au front.) et tout cela parce que j'ai obtenu la faveur d'aller au vernissage avant l'ouverture du Salon.

Je ne fais pas de peinture, mais j'en pourrais faire..... comme tout le monde.

Je vous dirai même que j'ai chez moi quelques toiles de maîtres… de maîtres modernes naturellement, car les anciens !… (Moue dédaigneuse.)

On peut voir, 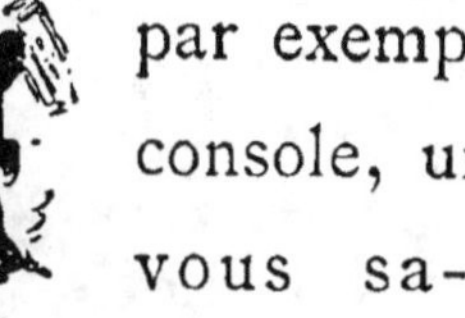 par exemple, au-dessus de ma console, un paysage du père… vous savez… ce sont de petits bouleaux… deux ou trois (Soufflant légèrement fois.) presque  rien !… on entend le (Imitant le vent.) qui passe dans les feuilles….. c'est charmant ! Dans le fond, une petite… (Indiquant une pente douce avec la main.) et sur le devant du

tableau, au premier plan, dans un gazon

(Comme s'il peignait du bout d'un pinceau.) tic, tic,

tic, tic,
des pâ-
queret-
tes, un
petit pâ-
tre qui...

(Geste d'un joueur de flûte.) C'est tout à fait...!
(Il baise le bout de ses doigts.)

J'ai aussi dans mon petit salon le *Chat*

*Noir* et *la Dame Blanche* de... ce brave garçon qui a peint le bon (Geste de boire un bock.). Bien tiré, n'est-ce pas, garçon? — Quel chat! (Oh! c'est un lapin!) C'est de

l'encre, du cirage superbe étalé au pouce...
Quelle femme! C'est du blanc d'Espagne
écrasé, là... (Mollement.) là!... Il y en a bien
douze pains. C'est épais comme ça... On en
mangerait! Le chat noir a les yeux blancs...
la femme blanche a des yeux noirs. Quelle
palette! Il ferait un arc-en-ciel rien qu'avec
du noir et du blanc! Les impressionnistes
le regrettent ; et ils ont raison. Il arrivera
à peindre avec une seule couleur!

Je possède aussi un... Chose... vous sa-vez ? qui joue si bien de la
guitare avec un pinceau...
qui peint si bien avec une
guitare!... J'ai sa *Mater
dolorosa*. Un vrai peintre...
belle ligne... Jolis détails! C'est amusant,
très amusant. Elle pleure... deux grosses
larmes, on les voit... C'est amusant, très
amusant!

Le Christ est là... mort, étendu... le trou au côté... Oh! amusant, le trou au côté! On dit que c'est le peintre lui-même qui... (Escrime.) car il est très fort sur... à ce qu'il dit du moins.

C'est peint large, gras, beurré, étincelant.

C'est ému, touchant, navrant... amusant! Oh! là, très amusant!

J'ai aussi le tableau de... Chose!... vous savez?... pas Léonard de Vinci!... plus moderne!.... plus moderne Prudhon non savez bien! il lune... c'est  das Corrège... aussi!... pas plus!... vous a exposé une charmant!...

un nuage!... une crème!... un duvet!... la

lune est vue de dos... près d'une fontaine! Oh! la lune!... la lune...

Il y a des gens qui préfèrent mon chaudron de Chose... ils disent que c'est plus vécu... comme nature morte; moi, j'aime mieux mon plat de Bernard Palissy, parce qu'il est... (Il indique un ovale.) tandis que le chau-dron il est tout... (Indiquant un rond.) Enfin, ça dépend des goûts!...

(Pause.)

Me voilà donc au vernissage.

En entrant je montre ma carte d'entrée... et j'arrive devant les immenses cartons de ce grand garçon.... — C'est un peu gris, mais, ça a toujours une certaine !...

(Dessinant une grande arabesque.) Surtout dans l'ordonnance générale !

(Gaiement.) Oh ! quelqu'un qui n'a pas fait de progrès, par exemple, c'est le petit Machin ; il paraît qu'il s'abrutit dans les brasseries ; il est là toute la journée en train de rouler une. (Geste cigarette.) ou de bourrer

sa... (Geste pipe.) Qu'est-ce que vous voulez qui pousse dans la cervelle d'un gar-çon qui perd son temps à... (Fumant.) et à regarder mon-

ter la spirale de la fumée? (Geste.) Pas bon non plus le portrait du général... il l'a fait (Mouvement du cavalier.) avec toutes ses croix, épaulettes. Il vous a une paire de mousta-ches... je les trouve même un peu exagé-rées... —

Mauvais, oh! très mauvais, le drapeau tricolore dans le lointain! Ça devrait éclater, n'est-ce pas, les trois couleurs? D'abord le (Levant fièrement les yeux au ciel.) qui est à la hampe, le (Baissant les yeux avec simplicité.) qui est au milieu et le (Agitant sa tête comme un tribun.) qui flotte!... Eh bien! non, rien de ça! C'est... (Laissant pendre sa tête sur sa poitrine à droite, à gauche.) beuh! beuh! bah! Voulez-vous que je vous dise?... Eh bien! ce garçon-là est perdu!... Il ne peint plus à l'huile, il peint avec de la graisse d'oie!

Un joli four aussi, c'est l'envoi du petit chose du quartier de Villiers. Ce qu'il exposait autrefois c'était toujours... (Indiquant sèchement une ligne perpendiculaire avec le pouce.) tac! on s'attendait cette année à quelque chose de... (Indiquant trois touches enlevées avec le pouce.) pan! pan! pan! ou de... (Donnant deux coups de poing en avant.) V'lan ! v'lan ! — Eh bien ! pas du tout, c'est tout le contraire, c'est... (Physionomie d'affaissement.) beuh !

Ah ! mes enfants, il est tout à fait tombé dans la, dans le, dans les. (Avec un soupir.) Oh ! il y est bien ; et il y restera. (Geste.)

Oh ! une chose bien drôle, quand le grand Machin, Chose, vous savez, du ministère, est passé, ah ! dame ! ça a fait un brrr gé-néral ! On disait :

« C'est... Mais oui ! Mais qui est la dame si fluette qui lui donne le bras et qui a l'air d'un fourreau de parapluie ? Comment, vous ne la reconnaissez pas, mon cher, avec sa robe brodée de jais noir, sa petite canne, sa voix d'or et sa (Indiquant une collerette.) autour. (Simulant un cou très maigre.) Elle vient pour vernir ses tableaux... Ah ! *mince* alors ! »

Le petit!... vous savez bien, était avec eux, en voilà un intrigant celui-là. Ah ! je connais son système, allez ! On ne s'aperçoit de rien, il commence par (Se promenant avec indifférence et en chantonnant.) N'est-ce pas ? Et puis, sans qu'on s'en doute, il se (Faisant serpenter sa main.) et puis tout d'un coup (Imitant le singe qui grimpe.) Prrrt il y est!!! Oh ! alors, il n'y a plus moyen de le faire dénicher ! Il a eu, comme ça d'abord le (Ruban à la boutonnière.) et puis (La rosette.) et il aura bientôt le (Cordon de commandeur autour du cou.) et certainement la (Plaque.) sans compter le

(Grand cordon.) Enfin, tout ce qu'il voudra ; mais ce qu'il n'aura jamais, c'est le (Salut profond.) ah ! et la (Signe de grande déférence.) oh !...

qu'on doit aux véritables grands artistes ! Tout ce qu'il recueillera ce sera un (Salut froid.) tout sec, quand on sera devant lui ; quand on sera de côté, un (Haussant les épaules et tournant la tête avec pitié.) ; quand on sera derrière (Coup de pied.) V'lan ! Et il ne l'aura pas volé !

Je vous demande pardon de me passionner, mais

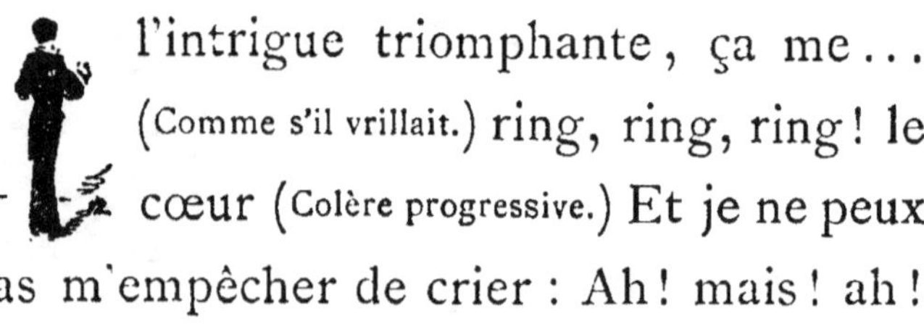

l'intrigue triomphante, ça me... (Comme s'il vrillait.) ring, ring, ring ! le cœur (Colère progressive.) Et je ne peux pas m'empêcher de crier : Ah ! mais ! ah !

mais!... c'est que... sacr... Il ne faudrait
pas... Ah! ah! ah! (Pause.)
Mais  tranquillisez-vous ,
je finis toujours par me
calmer.

Enfin! (Geste front.) Pas
bon non plus le gros por-
trait de madame X***; d'abord le modèle
est toc.

Pas  mal
pourtant
la  (Poitrine.)
C'est assez
vécu. Les é-
paules, par
exemple,
n'ont pas le
(Indiquant le sa-
tiné par un  geste doux.) ni le (Indiquant l'élasticité.) de
la chair. Il devrait retoucher ça!

Quant à la sculpture, c'est encore pire;  beaucoup de bustes, trop de bustes. C'est froid, ça n'a pas le... (Mouvement des lèvres et des doigts qui s'agitent devant.) de la vie. On sent que c'est du marbre.

Pourtant pas mal la Vénus de... mais c'est un peu (Sourire pudique et satisfait.) Vous savez, le mouvement de la (Hanche.) est bon... celui des bras qui cache (Poitrine.) est très neuf; mais enfin on ne peut pas mettre ça dans son... ni dans sa... Oh! impossible; je ne vous y engagerais pas; à cause seulement des enfants (Réflexion.) et des femmes aussi (Souriant.) et des hommes, surtout, (Riant.) n'est-ce pas? C'est si naturel. On voit... Ah! dame (Se tordant de rire.) On est homme, après tout (Geste.)!

Voyons qu'est-ce qu'il y a encore ? — Ah! il y a le chien d'Ulysse. Pas mal! Il va bien au-devant de son maître pour le caresser en tirant la langue comme ça ;

(Langue.) mais, un peu plus, ce serait de la sculpture léchée, ça m'a *léché*, non, laissé comme ça. (Insensible.)

En résumé, pour vous dire toute ma pensée sur le Salon, pendant que nous sommes seuls, c'est qu'il y a beaucoup de tableaux. (Complaisance et concession.) Oui... Mais il n'y a rien de quoi on puisse dire (Avec admiration.) Ah! ah!... Oh! oh!... Pouh!... brrr!!! — (Négation de tête.) Rien de ça.... Du talent ? (Oui de la tête.) De l'esprit ? (Même jeu.) — Ça a souvent du pif, du paf, des petits reflets, tic-tac... mais jamais ces papapapang !... ces ratatata- pang!... qui n'appartien- nent qu'aux grands maî- tres et qui seront toujours l'honneur et la gloire de l'École Française !

Tous les critiques d'art seront de mon avis ! Résumez leurs opinions, vous y trou- verez des... heu! heu! pouh! pouh! pouh!... bah, bah, bah... Mais pas un seul . (Admiration.) Oh !... (Satisfaction.) Ah ! ah ! ah !... jamais ! jamais !

Ne répétez ceci à personne, ça me ferait des ennemis !

LE MONOLOGUE MODERNE, par COQUELIN CADET, de la Comédie-Française, illustrations de LOIR LUIGI. . .   2  »

LE PETIT MÉNAGE, monologue en vers, par GEORGES FEYDEAU, dit et illustré par SAINT-GERMAIN, du théâtre du Gymnase. In-18 . . . . . . . . . . . . . . .   1  »

UN CANARD, monologue par G. MOYNET, dit par COQUELIN CADET, de la Comédie-Française, dessins de BOULANGER. — 4e édit. In-18. . . . . . . . . . . . . . . .   1 5o

LE VOLEUR VOLÉ, par PAUL BILHAUD, anecdote oubliée par Anacréon, illustrations renouvelées de l'Antique, par H. GSAY. — 2e édit. — In-18. . . . . . . . . .   1  »

MONOLOGUES COMIQUES ET DRAMATIQUES, par E. GRENET-DANCOURT. — 4e édit. — 1 vol. Gr. in-18.  3 5o

MONOLOGUE ET RÉCITS, par EMILE BOUCHER et FÉLIX GALIPAUX. 1 vol. Gr. in-18 . . . . . . . . . .   2  »

L'ART DE BIEN DIRE, par H. DUPONT VERNON de la Comédie-Française. — 3e édit. 1 vol. Gr. in-18. . .   1  »

PRINCIPES DE DICTION, par H. DUPONT VERNON de la Comédie-Française. — 3e édit. 1 vol G. in-18 . .   2  »

Imprimerie Générale de Châtillon-sur-Seine. — A. PICHAT.

9 782329 446769